Blumen in Versen

verwelken nicht

Gedichte verschenken

Barbara Schmitt

Blumen in Versen

Gedichte verschenken

Barbara Schmitt

Herstellung und Verlag: BoD – Books on Demand,
Norderstedt
ISBN: 9783754317747

Es grünt

Der Frühling kommt spät heuer,

Bäume hielten ihre Knospen so lange

fest an sich gepresst.

Und jetzt, alles licht und wärmer,

geben sie ihre zartgrüne Pracht preis,

hüllen sich in Leben

diese alten knorrigen Äste!

Fliederbusch

Fliederbusch im Park,

frisch erblüht in zartem Lila ganz und gar,

trägst die Dolden stolz empor,

ins tiefe Blau dem Himmel hin,

schickst uns feinen Duft ins Herz!

Monstranz des Schöpfers

hier und jetzt!

Maiglöckchen

Versteckt im großen grünen Blatt,

die kleinen weißen Glocken,

läuten mit betörend Duft,

locken uns ganz nah,

verzaubert hinzugeh'n.

Lasst mich steh'n!

Im Wald bin ich zu Haus!

Kleine Kastanie in Blüte

Trägst Deine rot erblühten Kerzen

wie Trophäen vor dich hin,

schmückst die Plätze, Straßen

nur im kurzen Sommerbeginn,

zeigst uns deine Pracht

als Verheißung für die Frucht,

die so uns solche Freude macht!

Kirschblütenregen

Unzählig rosige Blütenblätter flattern

in die Hand der Erde,

wo sie werden,

was sie waren

und schon immer sind.

Erblühende Pfingstrose

Breitest äußere Blütenblätter aus

wie einen zarten Teppich,

bewahrst im Innern einen Blätterbausch,

tief rosa wohl gehalten,

zeigst am Blütenstand

einen gelben Kranz,

bewahrst die Sonne für uns ganz!

Heckenrosenreigen

Die Sonne hat sie wachgerufen,

sie breiten ihre milchig rosa Blütenblätter

auf den langen wilden Trieben

mit ihren grünen Blättern tupfend aus –

ein kleiner Bogen, Blütenkranz, Blütentor –

uns zu schmücken, hindurch zu gehen

als Erwählte!

Pluie des Roses

Rosen soll es regnen vom Himmel!

Wer kann sie denn sehen,

die Rosen der kleinen Heiligen?

Das Übermaß ihres Vertrauens

auf einen liebenden Gott,

einen leidensfähigen,

einen verklärten

Menschen in Gott.

Rosenblüten

Rosenblüten sterben leise,

still umarmen sie den Tod

wandeln ihre Weise,

weinen nicht,

eins im Lebenskreise,

wissen, wo der Himmel ist.

drei Rosen

Drei Rosen begleiten mich

durch meine Lebenswelt.

Die eine rosalachs betörend schön, verzaubernd
stark.

Die zweite dunkelrot sich liebend legend in die
Schöpferhand.

Die dritte schneeweiß vertrauend dem
Versprechen

verklärter lichter Endgestalt.

Lindenblütenrausch

In großen luftigen Wellen,

unter grün belaubten Bäumen,

aus üppig vielen Blütengefäßen,

durch weitläufige Alleen

hüllt er dich ein,

der würzig-süße Lindenblütenduft,

nach Regenschauern schwerer Süße,

schenkt sich der frühe Sommer duftig

als Rausch der Sinne,

vertrauter, heimischer Gerüche.

Sommer - Blumenstrauß

Nicht eine einzelne,

zusammen seid ihr schön,

so dicht gedrängt, so verschieden,

lila Kugeln, gelbe Knöpfe,

weißes Füllhorn mit betörend Duft,

rosakleine Rosen, dunkelrote Rosendolden,

sonnengelbe Blütenkränze!

Ein bunter Sommergarten,

hereingeholt, sich daran zu laben!

Klatschmohn

Knallrote Farbe klatscht in die Hand,

seidiger Glanz verspricht Erhabenheit,

nachtschwarzer Same lockt in tiefe Mitte,

verführt in Zauberwelten!

Welch ein Blumentraum!

mittsommer

Zahllose kleine dottergelbe Blüten

glänzen im kleinen grünen Strauch

in runden Kübeln vor dem Eingang,

brechen mein Herz zum Lachen auf,

der Sommer tanzt mit mir!

Tauperle

Eine Tauperle rollt

ein Blatt entlang,

tränkt die müden Blüten dann.

Sonnenblätter

Sonne liegt in gelbbunten Blättern

auf dem Weg im Wald.

Sie bewahren noch ein wenig

der Sonne Lebenskraft,

schenken einen letzten Trost

in der dunklen Jahreszeit,

besser als die hellen Lampen,

die man jetzt erfunden

zu vertreiben Traurigkeit!

Wiesenblumen

Wiesenblumen fallen in mein Herz,

breiten ihre Düfte aus, mild, sanft, süß,

würzig, kräftig - blättern ihre Farben hin,

pink, sonnengelb, weiß-grün, rosa, rot und grün

teilen ihren Schmuck der Blüten

mit meinem Herzensraum und

heilen ihn!

Enzian

Tiefe tiefblaue kleine Kelche mit gewelltem Rand

locken uns in Unbekanntes, Verborgenes,

im Dunkeln Geschütztes,

unsichtbar himmelblau Verheißenes,

rufen uns mit ihrem lautlosen Glockenklang!

<u>Autorenportrait</u>

Barbara Schmitt, geb.1947 in München

Examen für das Lehramt an der Grund - und
Hauptschule

Diplom-Psychologin, Psychologische
Psychotherapeutin

unter anderem Tätigkeit an einer Kurklinik auf einer
ostfriesischen Insel

mehrjährige Erfahrung in kontemplativer Meditation